LUCHA POR TUS

LUCHA POR TUS SUEÑOS

*Uno empieza a luchar por sus sueños
cuando empieza a luchar por lo que ama*

CLARA TUBAU

A mis abuelos, Domingo y Mary, de quienes he heredado esta increíble manera de ver la vida y quienes me han trasmitido unos valores únicos e incalculables.

Agradecimientos

Mi abuelo siempre me decía que en esta vida hay que ser agradecido con aquellos que son buenos contigo, y así es.

Por ello quiero agradecer a todas las personas que me han ayudado desde el principio.

Quiero agradecerle a mi familia, empezando por mi abuela y por mi madre quien siempre han creído en mi. Quiero agradecerle también a mi tía, Nuria, quien es la artista que ha pintado las acuarelas de este libro.

No me puedo olvidar de aquellas personas, como Monste, Mariola, Virginia, Mar, Teresa, Lola, Carmen y Martita, que no sólo me han dedicado su tiempo, sino que también me han ofrecido su ayuda, ayudándome a sacar la mejor versión de este libro y me han trasmitido esa positividad extra que siempre viene bien.

Además, este libro también se lo debo a cada una de las personas que me han inspirado, que han hecho que este libro tenga vida y alguna que otra historia detrás de cada texto.

También quiero agradecerle a ese grupo de personas en el que la positividad es un estilo de vida, donde sólo hay sonrisas y alegría. Una positividad que me impactó tanto que ahora es mi estilo de vida, y fue esa positividad la que me dió ese empujón que tanto necesitaba para que por fin me decidiese a escribir este libro.

Este libro me ha enseñado de que los sueños no es cosa de uno sino de todos.

Y que detrás un sueño no sólo hay una persona que ha luchado por ese sueño, también hay un grupo de personas que han ayudado a esa persona a hacer su sueño realidad, que le han motivado y que jamás le han dejado rendirse.

Por último, sólo me queda decir gracias. Gracias a todas y cada una de las personas que han hecho este libro posible, gracias de corazón.

El camino hacia la meta

El camino hacia la meta no es fácil. No nos vamos a engañar. Nunca lo ha sido y puede que nunca lo sea.

Y sí, lo más probable es que por el camino te encuentres obstáculos, cometas errores, te sientas frustrado, etc.

En esos momentos, en los peores momentos, es entonces cuando sabrás que tanto valor tiene para ti ese sueño, esa ilusión.

Sabrás que si no puedes dejarlo por muy grande que sea el obstáculo, por muy malo que sea el momento, que si a pesar de que sientas que se te viene el mundo encima, a pesar de las dificultades, a pesar de todo no puedes dejarlo, es porque realmente tiene un valor incalculable, es porque realmente lo amas y no te puedes rendir.

Por el camino tratarás de ver siempre lo bueno. Ver lo bueno de lo malo también.

Aprenderás, adquirirás experiencia y poco a poco avanzarás. Sentirás que estas aún más cerca de la meta y eso te motivará aún más.

También habrá momentos buenos en los que recogerás los frutos después de tanto trabajo, esfuerzo y sacrificio. Los disfrutarás, sentirás sentimientos inexplicables, te pararás un instante y verás todo el camino recorrido. Es ahí, cuando te dices ahora más que nunca: No puedo rendirme.

Si antes estabas motivado, ahora lo estás más y si antes amabas lo que hacías, ahora lo amas más.

Después del largo camino recorrido, llegarás a la meta y te darás cuenta que no es una meta, que va más allá. Aquello que llamabas meta es un camino interminable en el que por cada meta cumplida hay tres metas más por cumplir, y es ese camino donde los límites no existen.

Los límites los ponemos nosotros, y no, tú no te pones límites.

Entonces te pones más metas y vas a por ellas, sabes que no será fácil pero que no es imposible, que puedes conseguir lo que te propongas.

Te sientes imparable, en verdad siempre lo has sido.

Arriésgate

Hay que arriesgarse más y temer menos.

Porque si no arriesgas no ganas. Puedes arriesgar y no ganar pero nunca perder. Porque con el simple hecho de haberte arriesgado ya has ganado. Ganas la posibilidad de obtener aquello por lo que te arriesgas, aquello que al no arriesgarte no lo tienes y nunca tendrás. Al igual que al no arriesgar, pierdes la posibilidad de obtenerlo, por lo que al no arriesgarte siempre pierdes.

Al no arriesgarte estás dejando claro que aquello que creías que tenía tanto valor como pensabas no lo tiene, porque si lo tuviese, no dudarías y arriesgarías con todo o sin nada.

Si nunca arriesgas no aprenderás, y si no aprendes no avanzarás. Si no avanzas, nunca podrás descubrir y aprender cosas nuevas, experimentar nuevos sentimientos, disfrutar de la vida, conocer el verdadero amor, hacer tus sueños realidad, etc.

Quizás, cuando arriesgues lo harás con miedo, pero lo harás.

Te darás cuenta que arriesgar es uno de los actos que nos hace ver si realmente nos hemos arriesgado por algo, es porque realmente tiene un gran valor para nosotros.

Porque la principal razón por la que nos arriesgamos es por amor hacia aquello por lo que nos arriesgamos.

El mensaje es claro: Arriésgate más y teme menos, porque al arriesgarte nunca pierdes. Sin embargo, al no arriesgarte ya has perdido.

Todos somos buenos en algo

Hay veces que no hacemos algo porque no nos creemos tan buenos. Y eso no es verdad. Todo el mundo es bueno en lo que hace desde el corazón.

Siempre podremos mejorar. Desde un principio siempre hemos sido buenos en ello. Debemos grabarnos, repetirnos una y otra vez hasta que nos lo creamos, que:

"Todos somos buenos en aquello que hacemos con amor, con sentimiento, con pasión, con ganas e ilusión."

Aquello que has hecho con tanto amor está bien, no lo pienses ni un segundo y créetelo.

Siempre habrá alguien que piense lo contrario, pero qué más da. A todo el mundo no le gusta todo el mundo, ni todas las cosas, etc.

Lo que sí sabrán es valorarlo e incluso apreciarlo aunque no les encante, créeme que si de verdad tienen corazón, lo harán.

Aquellos que no sepan valorarlo, apreciarlo, aquellos que lo desprecien y lo critiquen deberían saber que no ganan nada, que no se brilla apagando a los demás.

Y tu deberías saber que tampoco se brilla dejando que te apaguen. Jamás dejes que te apaguen y date cuenta de que todo aquello que haces desde el corazón desde un principio siempre ha tenido un valor incalculable, porque tiene algo muy importante: amor, ilusión y dedicación.

Hoy serás más bueno que ayer, pero no mejor que mañana porque cada día que pase, pondrás más amor en ello y por lo tanto, mejorarás.

El talento

Tenemos que mostrar al mundo nuestro talento, porque el talento es algo bueno que tenemos, y las cosas bonitas se muestran, se comparten y se valoran.

El talento está para dejar nuestra esencia, nuestra marca. El talento es aquello que se nos da hacer tan bien hacer que lo amamos y que sin duda, lo disfrutamos. Podríamos hasta decir que el talento es disfrutar, tener pasión, es tener ilusión, ganas, etc.

El talento es algo bueno, muy bueno, todos lo tenemos.

Un talento no es sólo saber dibujar bien, correr, o incluso ser un genio en matemáticas.

Un talento también es saber amar, valorar lo que de verdad importa, no rendirte y ser feliz con muy poco.

Detrás de alguien que tiene talento, hay alguien que ama lo que hace, pero sobre todo alguien que es feliz haciendo lo que hace.

Cuando ya no estemos no habrá mejor herencia que dejarle al mundo los frutos de nuestro talento: lo que amamos, disfrutamos, lo que nos hizo aprender e incluso cometer algún error, pero que también nos hizo muy felices.

Y esas son unas de las razones por lo que debemos, mostrarlo, compartirlo y sentirnos orgullosos de él.

Los sueños se cumplen

Los sueños se cumplen echándole ganas, se cumplen teniendo ilusión, se cumplen insistiendo una y otra vez, permaneciendo hasta en lo momentos más difíciles y jamás rindiéndote.

Se cumplen cuando les dedicas tiempo, amor, cuando no dañas a los demás para conseguirlo, pero tampoco dejas que te dañen, se cumplen yendo a por ellos.

Porque cuando se trata de tus sueños, cuando se trata de lo que de verdad te importa, vas con todo, a medias o con nada, pero vas a por ellos, de eso se trata.

Personas

Hay personas que te hacen soñar, volver a creer, volver a ilusionarte, reír, amar y te hacen sentir bien.

Personas que creen que eres capaz de todo, que te apoyan en las buenas y en las malas, que hacen que te sientas imparables, que no dejan que te rindas, que siempre están ahí sin aún saber que estaban y que siempre estarán, nunca se irán.

Personas buenas, con un corazón grande, muy grande y que sin duda, valen oro.

+ Don
+ Habilidad
+ Dedicación
+ Amor
———————————————
= Talento

Y tú lo tienes.

Lucha por tus sueños

Lucha por tus sueños, que nadie te diga que no puedes, que no vales, cree en tu proyecto, en tu sueño, pero sobre todo cree en en ti, ten Fe y hazlo.

Ponle esa pasión, esa ilusión y demuéstrale al mundo que sí que puedes, qué vales y que nada es imposible.

Y sí, hace falta mucho esfuerzo y sacrificio, pero una vez que empiezas a conseguirlo, sabrás que todo el esfuerzo y sacrificio ha valido la pena. Que sepas que la satisfacción de ver cómo empiezas a lograr tus sueños no te la quitará nadie.

Entonces querrás cumplir más sueños y más proyectos. Porque los sueños están para cumplirlos.

Sueños

¡Hay que soñar! ¡Hay que soñar mucho, hay que soñar bien y bonito!

Porque, ¿qué sería la vida sin sueños?

Hay que soñar para cumplir nuestros sueños, para ir a por ellos, para luchar por ellos.

¿Qué sentido tendría si soñamos y tenemos mil sueños si después no hacemos nada para cumplirlos?

Un sueño no es algo imposible, al contrario es más posible de lo que creemos.

Un sueño es aquello que amamos, que no tenemos o estamos en proceso de conseguir y que por lo tanto, debemos luchar por ello y permanecer hasta lograrlo.

También hay sueños cumplidos que no por ello dejan de ser sueños, ya que un momento de nuestras vidas no teníamos aquello que amábamos y aunque ahora lo tengamos, tenemos que valorarlo con la misma ilusión y amor que cuando no lo teníamos.

Un objeto es un sueño, una persona es un sueño, nosotros mismos somos el sueño de alguien o lo fuimos en algún momento, un proyecto es un sueño, un viaje es un sueño, etc; La vida misma es un sueño.

Todo es o ha sido un sueño.

Rodéate de personas que valgan la pena

Rodéate de personas que valgan la pena.

Personas que se alegren de tus logros, aquellas que estén en los momentos más difíciles, esas que creen en ti cuando nadie lo hace, las que te trasmiten optimismo y buena vibración.

Personas que te apoyan, te aconsejan bien, de la mejor manera y de verdad. Ese tipo de que te sacan una sonrisa, así, porque sí, porque te quieren y también te quieren ver feliz. Esas que te motivan a ser mejor, que siempre sacan lo mejor de ti, aquellas con buenos sentimientos y un gran corazón.

Personas que aman la vida y si algo nunca les falta es optimismo y alegría.

Y son esas, las personas, que sin duda valen oro y nos hacen crecer.

Antes de rodearte de personas así, de personas que merecen la pena, que lo valen todo, empieza siendo tú una de ellas.

Sé una de ellas, y entonces tú lo serás para otros.

Sé tu mismo

Sé tú mismo, siempre. No trates de copiar a los demás, de hacer lo que hacen los demás, de ser alguien que no eres, porque como tú no hay nadie.

No sé si te lo habrán dicho, pero que sepas que cada uno tiene unas cualidades, habilidades y un don. El conjunto de dones, habilidades, defectos e imperfecciones, hace que cada uno de nosotros seamos únicos.

Ni si quiera somos ediciones limitadas, somos más que eso, somos ejemplares únicos y exclusivos. Todos somos únicos, exclusivos y diferentes. Y eso, eso mola.

Los dones, las habilidades y el amor hacia ello, hace que amemos lo que hacemos y que seamos increíbles en ello.

Haz aquello que sepas hacer, en lo que eres tan bueno y tanto quieres hacer, aquello con lo que disfrutas y que sin duda, amas.

Descubre tu don, sácale partido, aprovéchalo y siéntete orgullosa de él, porque es algo bonito y bueno, que siempre formará parte de nosotros.

Si te limitas a hacer lo que hacen los demás, es probable que no sólo no lo hagas como ellos, sino que también te sientas frustrado, que no vales, cuando eso no es cierto.

Porque sí que vales y mucho. También es probable que no veas ni el don tan único, tan especial que tienes, ya que al estar centrado en los demás no te centras en ti y por lo tanto, no lo ves.

Y si hay algo triste, es no ver el don y las cualidades que uno tiene y en consecuencia, no aprovecharlas.

Nuestras habilidades y nuestros dones son una de los rasgos que nos hace únicos y diferentes al resto.

Por ello, lo que siempre tienes que ser, es ser siempre tú mismo.

Ser uno mismo es de las mejores cosas que podemos hacer por nosotros.

Las cosas hechas con amor

Las cosas hechas con amor son las más bonitas, sin duda, son las que de verdad importan y las que siempre consiguen sacar una sonrisa.

Las cosas hechas con amor jamás tendrán un lado malo, una mala energía, algo negativo, etc.

No te digo que las cosas hechas con amor sean perfectas, porque no lo son.

Lo que sí te diré es que las cosas hechas con amor son bonitas, tienen luz propia, vida y un valor infinito. Cualquier cosa o acción que tenga lo anteriormente dicho, puede ser:

"El bizcocho que te hace tu madre"

"Esa figura de plastilina que le regala un niño de preescolar a sus abuelos."

"Un ramo de flores silvestres que te regala alguien que quieres un día cualquiera"

"Una sonrisa y una conversación cuando uno lo necesita, una bonita acción"

"Una invitación de quien menos te los esperas "

"Un te ayudo con lo que necesites y un no te rindas que lo conseguirás"

"Una visita a alguien que necesite compañía"

Las cosas hechas con amor, las acciones bonitas y realizadas con amor y con cariño son regalos. Son regalos de la vida que aunque no sean perfectos son los mejores del mundo.

Quien sepa apreciar todo aquello hecho con amor, sabrá que aunque no sea perfecto tiene un valor incalculable.

Y te aseguro que todas esas acciones, esas cosas, las hayas dado o las hayas recibido, no las cambiarías por nada del mundo, porque tienen algo que ni con todo el dinero se podrían comprar: tienen amor y el amor jamás se podrán comprar.

Errores

Y sí, cometo errores, todos lo hacen, yo los cometo y tú los cometes, pero que más da.

Cometer un error molesta, no te lo voy a negar porque te estaría mintiendo, pero no pasa nada si lo cometemos, ya que al cometer un error también aprendemos y si nunca cometemos errores, nunca aprenderemos.

No cometer errores no es que sea una opción en la vida. Todos a lo largo de nuestra vida nos vamos a equivocar, no te asustes y míralo así: por cada error algo nuevo aprendemos.

A lo largo de la vida seguiremos cometiendo errores y por lo tanto, seguiremos aprendiendo, cada día más.

Llegará un momento en el que que dejaremos de ver los errores como algo malo. No te voy a decir que lo errores son buenos, pero lo que sí te voy decir es que tampoco son malos, no todo tiene porque ser blanco y negro.

A partir de ese momento, el momento en el cual nos demos cuenta que los errores no son malos, empezaremos a tomar cada error como una lección. Por cada error que cometamos, aprenderemos una lección más y cuantas más lecciones, más sabios seremos. Y entonces, te alegras.

De vez en cuando necesitamos más de una lección.

Cometer errores siempre formará parte de nosotros, los humanos, no cometer errores implica ser perfecto. Y los humanos no lo somos, lo más probable es que nunca lo seamos, y ¡qué aburrido sería no comcter errores!, que todo salga a la primera, que no necesitemos aprender, ni siempre mirar el lado de las bueno cosas, etc.

Te lo repetiré de otra manera pero, oye ¡no te preocupes!

Un error no significa que no vayamos a lograr aquello en lo que hemos fallado. Un error no es el fin de nuestro sueño, dejemos el drama para otras cosas.

Un error es todo lo contrario de lo que pensamos. Un error significa que vamos a aprender del él y que vamos a hacer eso que tanto queremos mejor de lo que creemos. Todo eso gracias a nosotros, a nuestro error y al no tirar todo por la borda por un fallo, por equivocarnos, por el simple hecho de ser humanos.

Todos los errores también tienen su lado bueno. Un lado que nos enseña a no cometer el mismo error, a aprender algo nuevo, a hacernos más sabios, inteligentes y a hacer las cosas de la mejor manera que sabemos.

Trabaja todos lo días de tu vida

Madre Teresa de Calcuta decía: "No puedo parar de trabajar. Ya tendré toda la eternidad para descansar"

La vida consiste en eso, en trabajar. Todos los días de nuestras vidas trabajamos, pero no nos damos cuenta que hay muchos tipos de trabajos, los cuales si lo haces con amor serás feliz.

Al hacer la cama, al pasar un rato con la gente que te quiere, al superarse a uno mismo, al ayudar, al reír, al correr, al bailar, al hablar con alguien con quien te sientes bien.

Es ahí, en cada pequeña acción cuando sin darnos cuenta estamos trabajando, estamos trabajando por nosotros, por un mundo mejor y donde el salario que recibimos es amor, bondad, compañerismo, alegría, felicidad, y eso, eso no está pagado.

Y cuando trabajes, trabaja por ti, por ellos, trabaja por un mundo mejor, trabaja por un trabajo donde el único paro que hay está en aquellas personas que no saben amar, trabaja por satisfacción, trabaja en aquello que amas.

Ponle empeño, dedicación, entusiasmo, y obtendrás el mejor salario del mundo, aquel salario que no se puede tocar, que no se puede ver ¡pero sí sentir!, ¡ y qué bien se sienta!

Cambia la forma de ver la vida

Cambia: no sé cómo hacerlo por aprenderé.

Cambia: no tengo tiempo por hay tiempo para todo.

Cambia: no soy lo suficientemente bueno por soy lo suficiente bueno .

Cambia: no puedo al yo puedo.

Cambia: sólo es un sueño por "es el sueño, mi sueño".

Cambia: no pasa nada al voy a luchar por lo que quiero.

Cambia: es imposible por él es posible.

Cambia: la forma de ver la vida. Déjate de pretextos, empieza a luchar por lo que quieres y no sólo las cosas cambiarán, también cambiará la vida y cambiaras tú, pero para bien.

Todo lo bueno llega

El problema está en que no sabemos esperar, en que perdemos la Fe y dejamos de creer demasiado pronto, cuando nunca hay que perder la Fe y nunca hay que dejar de creer.

No todo lo que esperamos ocurre al momento, no todos los resultados se ven al instante y no todo sale bien de la primera.

Sí, quizás algunos tengan resultados a la primera, al instante y otros quizás no vean los resultados hasta dentro de 2 años o después de varios intentos. Unos encuentran al amor de su vida al momento, otros quizás necesitan años para encontrarlo o quizás no necesitan encontrarlo por que está ahí y simplemente no lo ven o tenían miedo.

Unos tardamos más en darnos cuenta de lo que de verdad queremos y otros menos. Hay veces que uno da lo mejor de uno y aún así nada le sale como esperaba. En cambio, otros con no hacer nada todo le sale como quieren.

Hay personas que necesitan años para hablar con alguien, otras no necesitan ni 5 minutos. Unos necesitan más ayuda que otros. Unos tienen sólo un sueño, otros tienen miles de sueños, etc.

En definitiva, cada uno es como es. Cada uno tiene una vida, única diferente y especial. Es por ello por lo que nunca debemos compararnos con los demás.

Tenemos que valorarnos siempre a nosotros, a nuestra vida y a la vida.

Cada uno tenemos nuestros momentos, los buenos y los no tan buenos. Cada uno de nosotros tendremos que luchar por lo que queremos, si de verdad lo queremos, a nuestra manera, como sepamos y de la mejor manera que podamos.

Podemos aprender de los demás, los unos de los otros pero jamás compararnos con ellos, con los demás.

Cada uno tiene una vida, y hay que aceptarla, disfrutarla, aprovecharla y cómo no ¡Vivirla!

Nunca te olvides: Hay veces que lo bueno tarda en llegar, pero llega. Hay veces que los resultados, que nuestro esfuerzo y sacrificio no se ven al principio, pero que se verán. Hay veces que nunca es fácil, pero tampoco imposible.

Y por último, que hay veces que todo pasa cuando menos te lo esperas y cuando pase: valóralo, siéntelo, vívelo, disfrútalo, compártelo, ámalo y da gracias.

Ya es hora

Ya es hora de empezar a ver el lado bueno de las cosas, de empezar con ese proyecto que tanto quieres hacer, de aprender algo nuevo y de no quedarse con las ganas.

Ya es hora de valorarse, de superarse a uno mismo, de reconocer nuestros errores y aprender a perdonar.

Ya es hora de soñar, de ir a por los sueños y cumplirlos.

Ya es hora de dejar de tener miedo a sentir, a fracasar, a amar, a perder., etc. Ya es hora de dejar de darlo por perdido, y de rendirse.

Ya es hora de disfrutar de lo pequeño y no sólo de lo grande. Pequeños detalles, pequeños momentos, pequeños actos, pequeñas cosas, que al final son todo.

Ya es hora de reír, de disfrutar y de ser feliz.

Ya es hora de empezar a vivir de como si no existiera un mañana.

Ya es hora de vivir y de verdad.

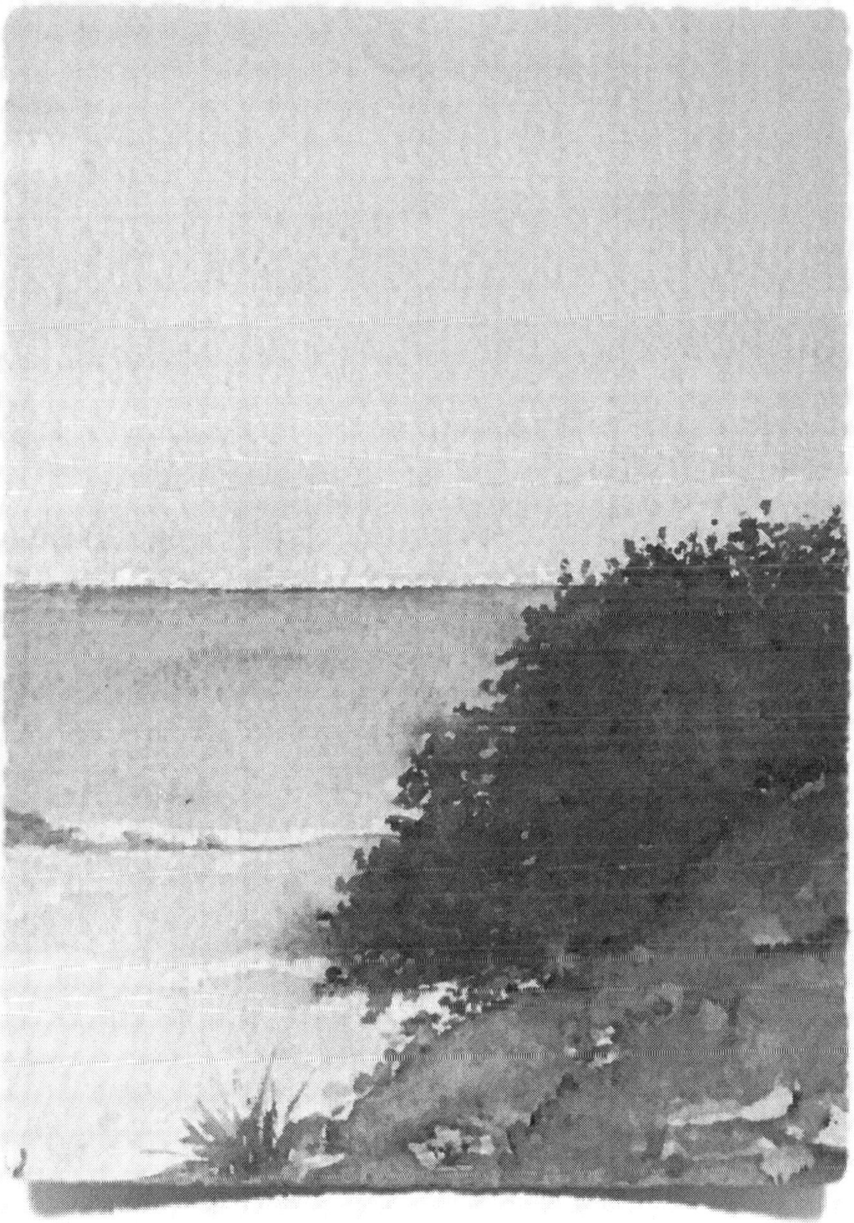

Para todos los días

1. Sueña mucho, bien y bonito.
2. No pierdas nunca la fe, ni la ilusión, ni las ganas, ni la positividad.
3. Cree siempre en ti y en que puedes lograr lo que te propongas.
4. Sé tú mismo, siempre.
5. Haz lo que amas, ama lo que haces y lo que hagas hazlo con amor.
6. Aléjate de las personas tóxicas y negativas. Rodéate de personas que jamás les falte positividad y alegría.

7. Alégrate por los demás, motívalos y ayúdalos.
8. No te rindas nunca.
9. Mira siempre el lado bueno de las cosas.
10. Sé agradecido y da gracias.
11. Haz una lista de objetivos y cúmplelos.
12. Valora los pequeños momentos y las personas que siempre están ahí.
13. Saca cada día la mejor versión de ti.

Palabras y sentimientos

Que te digan: ¡Qué bien lo haces! ¡Estoy orgulloso de ti! ¡Te admiro! ¡Eres increíble! ¡Eres capaz de lo que sea! ¡Vales mucho!

Sienta bien, muy bien. Pero si quien te lo dice es alguien que quieres, que te importa, te hace sentir mucho, genial y muy feliz.

Te hace sentir con una intensidad que hace ya lo que sientes sea inexplicable. Desde el momento que te lo dicen todo se multiplica por infinito. Tienes más ilusión, sueñas más, amas más y te crees capaz de todo .

Imagínate, todos aquellos sentimientos sintiéndolos a la vez. ¿Algo realmente increíble, verdad?

Y aquellas palabras, serán las palabras que se te quedarán grabadas para siempre. Para motivarte más en los buenos momentos, darte fuerza y ser uno de tus soportes en los no tan buenos. Será también la persona que te las diga, que no te las dice porque sí, sino porque está orgullosa de ti.

La suma de todo es algo más que increíble. Es un momento único e indescriptible, lleno de buenos sentimientos. Y eso, eso es lo mejor de todo

No esperes siempre a que te lo digan.

Di de vez en cuando las cosas buenas que sientes, dítelo a ti todos los días, a lo tuyos, a las personas que de verdad quieres, que lo son todo para ti y que no cambiarías por nada del mundo.

El valor de una sonrisa

Siempre he pensado que el amor y las sonrisas van de la mano. No hay sonrisa sin amor, no se puede llamar sonrisa si no hay amor. Las sonrisas no tienen más objetivo que hacer sentir bien.

Que te sonría alguien, sienta bien. Pero que te sonría alguien que quieres, eso, eso ya es otra historia. Una sonrisa de alguien que quieres puede ser la mejor medicina que existe si uno no está en su mejor momento.

Con sólo una sonrisa uno puede volver a ilusionarse, creer y amar en cuestión de segundos.

También puede ser la mejor vitamina que existe, debido a que con sólo una sonrisa podemos amar e ilusionarnos más, sentirnos de la mejor manera que uno se puede sentir.

Y la suma de todas las sonrisas pasarán de ser sonrisas a ser "las sonrisas" que hicieron a uno soñar, amar y sonreír.

Las sonrisas son contagiosas; es difícil no sonreír cuando te sonríen.

Sonreír es gratis, es un acto bonito, sienta bien, y por eso debemos sonreír siempre. ¡A qué esperas!: SONRÍE.

*Sonríe.
Una sonrisa puede cambiar a uno,
pero para bien, siempre para bien.*

Límites

Lo que nos impide luchar por lo que queremos, hacer lo que amamos, no son ni las adversidades, ni las personas, ni el momento, ni si quiera los límites.

Los únicos limites que existen en la vida son los de las matemáticas. Los demás límites, esos que nos impiden luchar por lo que queremos, sólo existen en nuestra mente cuando lo creamos.

Los creamos al rendirnos, al no ver el lado bueno de las cosas, al no persistir, en definitiva, los creamos con nuestra actitud.

Por ello, la actitud es esencial para lograr lo que nos proponemos, con una buena actitud uno puede conseguir lo que se proponga.
Y si quieres crear algo en tu mente, crea retos no límites.

Has llegado muy lejos

Has llegado muy lejos como para rendirte ahora, puede que hayas pensado desde en "estoy haciendo algo mal" hasta en "me rindo, no puedo más". Pero no, no lo harás, es sólo un mal momento, un mal pensamiento .

Te has esforzado mucho, has conseguido mucho: pequeños logros, pequeños momentos, grandes personas y la suma de todo es más que un gran logro, más que un triunfo. Es algo que formará parte de ti siempre, algo increíble.

Así va a seguir siendo, vas a seguir consiguiendo logros, momentos y grandes personas.

Sin darte cuenta te irás olvidando de los malos momentos, los cuales irán pasando desapercibido.

Llegarás lejos, más lejos de lo que te puedas imaginar.

Porque tú vales mucho, eres imparable y puedes conseguir lo que te propongas.

En los malos momentos

En los malos momentos mira lo lejos que has llegado, observa la gente que te apoya y cree en ti, ten Fe, recuerda los buenos momentos e imagina los que vienen, los que quedan por vivir.

Es ahí donde estará ese rayo de sol en ese día nublado en el que todo lo veías gris para iluminarte. Será ese rayo de sol el que te guiará, el que te dará fuerzas en los días grises y el que te hará llegar muy lejos, aún más lejos de lo que has llegado, sacando siempre la mejor versión de ti.

La ayuda

Todos alguna vez en la vida hemos recibido ayuda, e incluso no sólo hemos dejado que nos ayudasen sino que también la hemos pedido.

¿Te acuerdas cuando eras pequeño que pedías ayuda a menudo?

Que ahora seamos adultos, y que quizás sepamos hacer más cosas, no quita que no necesitemos ayuda. Tener una ayuda es cómo tener un apoyo, una ayuda es algo bueno.

Lo que pasa es que ahora queremos hacer todo sin ayuda, somos tan orgullos y tercos que nos pasamos el día rechazando ayudas cuando la necesitamos. Asociamos recibir ayuda con fracasar cuando lo que realmente significa es que no estamos solos.

Si te ofrecen ayuda y la necesitas acéptala. Hay personas que de verdad están solas y no tienen ayuda, pero eso puede cambiar.

Porque al igual que aceptarás ayuda cuando la necesites, se la ofrecerás a quien la necesite y le harás ver que no esté solo.

Y así nadie nunca está solo, si alguien necesita ayuda la tendrá. Sólo necesita aceptar esa ayuda, dejar el orgullo para otras cosas y darse cuenta de que la ayuda no es nada malo. Al contrario, es tener ahí a alguien incondicional para cuando necesitemos un empujoncito, cuando estemos estacados y necesitemos avanzar.

Creer en ti

Creer en uno mismo es uno de los primeros pasos para lograr lo que uno se propone, lo que uno ama.

Hay que tener confianza en uno mismo y creernos capaz de todo. Si nosotros mismo somos los primeros en infravalorarnos, en no creernos capaces, no vamos a avanzar. Al contrario, retrocederemos como los cangrejos y en eso no consiste la vida.

La vida consiste en avanzar, en sacar la mejor versión de nosotros cada día y retrocediendo no estamos sacando nuestra mejor versión. Sacamos nuestra mejor versión cuando creemos en uno mismo. Cuando no nos infravaloramos, al querernos, al superarnos, al hacer cualquier cosa que nos haga bien y que sea para bien, ya estamos aportando un granito de arena para ser cada día un poco mejor .

De nada sirve que los demás crean en nosotros o que nosotros creamos en los demás , si nosotros mismos no tenemos confianza en nosotros, si no creemos en nosotros nada.

Cree en ti, eres capaz y podrás siempre. Verás como así, cada día sacas la mejor versión de ti. Como cada día avanzas y como cada día estás dispuesto a lograr lo que te propones. Verás así cómo cada día merece la pena y cómo cada día es mejor que el anterior.

Seamos fuertes

Seamos fuertes y no dejemos que una persona, momento u cualquier otro obstáculo nos impida cumplir nuestro objetivo.

Seamos fuertes por aquellos que necesitan un ejemplo, un apoyo, un consejo. Seamos fuertes para demostrar que cualquiera es capaz de hacer cualquier cosa.

Seamos fuertes por nosotros, por las personas que amamos, por nuestros sueños e ilusiones y por un mundo mejor.

Quién es fuerte, no se rinde, persiste, y quien persiste logrará lo que se proponga.

Seamos fuertes hoy, mañana y siempre.

Ser fuerte no es fácil, pero siempre se encuentra la manera.

*Cree en ti, en tus sueños y
cada vez estarás más cerca de ellos.*

Aférrate

Un día leí que el amor no se disuelve, que al amor hay que aferrarse. Y no puedo estar más de acuerdo.

Cuando nos aferramos al amor, siempre permanecerá, será eterno. El amor trae todo lo bueno. El amor perdona, cree y no se rinde.

Es verdad, que nos podemos aferrar a más cosas, personas e incluso aferrarnos a la vida misma.

Cuando nos aferramos a la vida, nos aferramos al amor por la vida. Cuando nos aferramos a una persona, nos aferramos hacia el amor por esa persona. Cuando nos aferramos a algo, nos aferramos al amor por aquello que sea por lo que nos hemos aferrado.

Pero sin embargo, cuando nos aferramos al amor, nos aferramos a todo. Nos aferramos a todo aquello que amamos, a todo aquello por lo que sentimos amor.

Es la razón por lo que hay que aferrarse, pero no sólo a una cosa que amemos, a una única persona, a un único lugar o sueño, no sólo aferrarnos al amor por la vida.

Hay que aferrarnos a todo lo que amamos, cuando de verdad hay amor, no hay preferencias, y sólo podemos aferrarnos a todo, aferrándonos al amor.

Aférrate al amor y te estarás aferrando al amor por todo aquello que amas, por todo aquello que te importa. Aférrate al amor y observarás como siempre permanecerá.

Aférrate al amor.

Un camino llamado amor

Hay un camino llamado amor. Un camino donde lo que hacemos, lo hacemos con amor, donde amamos lo que hacemos, donde luchamos por los que queremos. Un camino donde cada paso es un camino de amor, de felicidad y de valentía.

Un camino donde el amor es el motor de todo.

Un camino donde como en todos hay piedras, obstáculos que dificultan el paso, que nos dificultan avanzar, pero que como el amor es tan fuerte se superan.

Un camino donde te encuentras a personas con el mismo objetivo que tú, ser feliz. Personas increíbles, personas buenas, personas como tú, que te acompañan a lo largo del camino y que no te abandonan.

Un camino donde el amor se conoce por hechos, acciones y no por palabras. Un camino donde se valora cada pequeño detalle.

Un camino donde conocemos el amor verdadero, lo que es decir, un camino donde encontramos la verdadera felicidad.

Y una vez que te encuentras la verdadera felicidad, una vez que te encuentras el verdadero amor, te das cuenta que el amor no se mide, que es incalculable. Al igual que te darás cuenta de que ese camino llamado amor, no tiene fin, es eterno.

Decisiones

A veces hay decisiones que no podemos elegir. No podemos elegir el color de ojos, ni cuánto mediremos, ni que pasará mañana. Pero sin embargo sí que podemos decidir sobre nuestras decisiones, sobre lo qué haremos y que es lo que queremos hacer.

Todos los días, al despertar, la vida nos da la oportunidad de empezar de nuevo y tomar una nueva decisión, por lo tanto tenemos la oportunidad para tomar una decisión más. Así que más vale que ésta sea buena.

Una decisión que aporte algo bueno, tanto, que al terminar el día, haya sido un día bueno o un día malo te acuestes orgulloso de ti sabiendo que la decisión que has tomado ha sido buena y que por lo tanto, ha habido algo bueno ese día.

Haz cada día algo de lo que te sientas orgulloso. Algo que se convierta en parte de ti, en un recuerdo. Recuerdo que cuando lo recuerdes, lo recordarás con una sonrisa, de esas de verdad, que sólo hace falta verlas y sentirlas, para saber que ese día tomaste una buena decisión e hiciste algo de lo que te sientes realmente orgulloso.

Por lo tanto, haz cada día algo de lo que te sientas orgulloso. Haz que cada día tomes una buena decisión para que no haya día que no puedas recordar sin que te salgan una sonrisa de esas, de las de verdad.

Haz que cada día cuente, que cada día sume y que cada día merezca la pena dando siempre lo mejor de ti.

Haz que cada día haya algún recuerdo por el que recordar, de ese tipo de recuerdo que si algo te hacen es ser feliz

No te olvides nunca

No te olvides nunca de amar, de reír, de soñar y de creer.

Tampoco te olvides de aquellas personas que te enseñaron todo, te apoyaron y que jamás te fallaron. No te olvides de los buenos momentos, de los pequeños detalles, de todo lo bueno.

No te olvides de tu ilusión, de tu Fe, de esa forma tan intensa que tienes para amar y para lograr lo que te propones. No te olvides de tus sueños, no te olvides de tu pasión y no te olvides de lo fuerte que eres.

Si quieres olvidar algo, que sean las penas, los malos momentos, las malas personas, que sea todo lo malo.

Olvídate de todo lo que te hacía daño pero nunca te olvides de lo que te hizo vivir, sentir bien y no rendirte.

Nunca te olvides de lo bueno, porque es lo bueno lo que nos hace fuertes y nos da razones para seguir adelante.

Y por último, nunca te olvides de ti, porque tú eres el motor de tu vida. Si te olvidas, paras y retrocedes.

Y tú, llegarás lejos, muy lejos.

Ojalá

Ojalá te des cuenta que nadie es perfecto, que todos cometemos errores y que hay que saber perdonar.

Ojalá te des cuenta que quizás todos los sueños no se cumplen a la primera, pero que se cumplen.

Ojalá te des cuenta que sin sueños, amor e ilusiones no somos nada.

Ojalá te des cuenta de que el amor existe, que no hay que verlo, que hay que sentirlo, trasmitirlo y vivirlo.

Ojalá te des cuenta que: el amor es el motor de la vida y tiene un valor incalculable. Y que hay muchos tipos de amores y muchas formas de querer. El amor está presente todos los días de nuestra vida. El amor es la esencia de nuestra vida. El amor es lo que da sentido a nuestras vidas.

Ojalá te des cuentas de que por las cosas, los sueños y las personas que queremos hay que luchar por ellas, que no todo viene hecho, solucionado, ni todo es tan fácil.

Ojalá te des cuenta que hasta lo bueno también tiene sus malos momentos y difíciles. Con tus sueños tendrás momentos malos y también difíciles. Con el amor de tu vida también y con la vida en general. Pero todos aquellos momentos malos y difíciles se superarán con amor y con Fe, será la suma de todo lo que lo haga irremplazable, único y tan bueno.

Ojalá te des cuenta que las cosas buenas también pasan, que todo lo bueno llega, que tienes que creértelo.

Ojalá te des cuenta que hay gente que te quiere, te valora y cree en ti aunque tú no lo sepas.

Ojalá te des cuenta que la vida tiene mil y un razones por las que amar, vivir, soñar y disfrutar, y que tú, tú eres una de ellas.

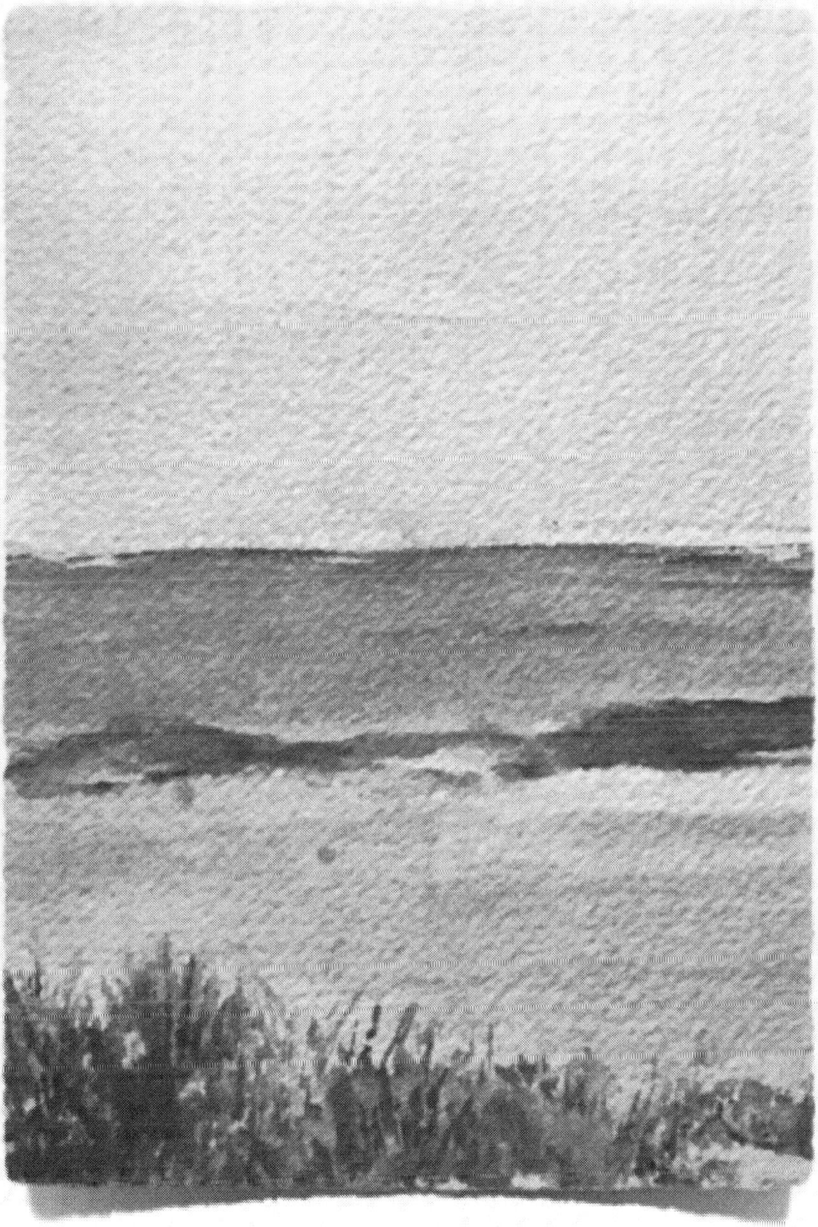

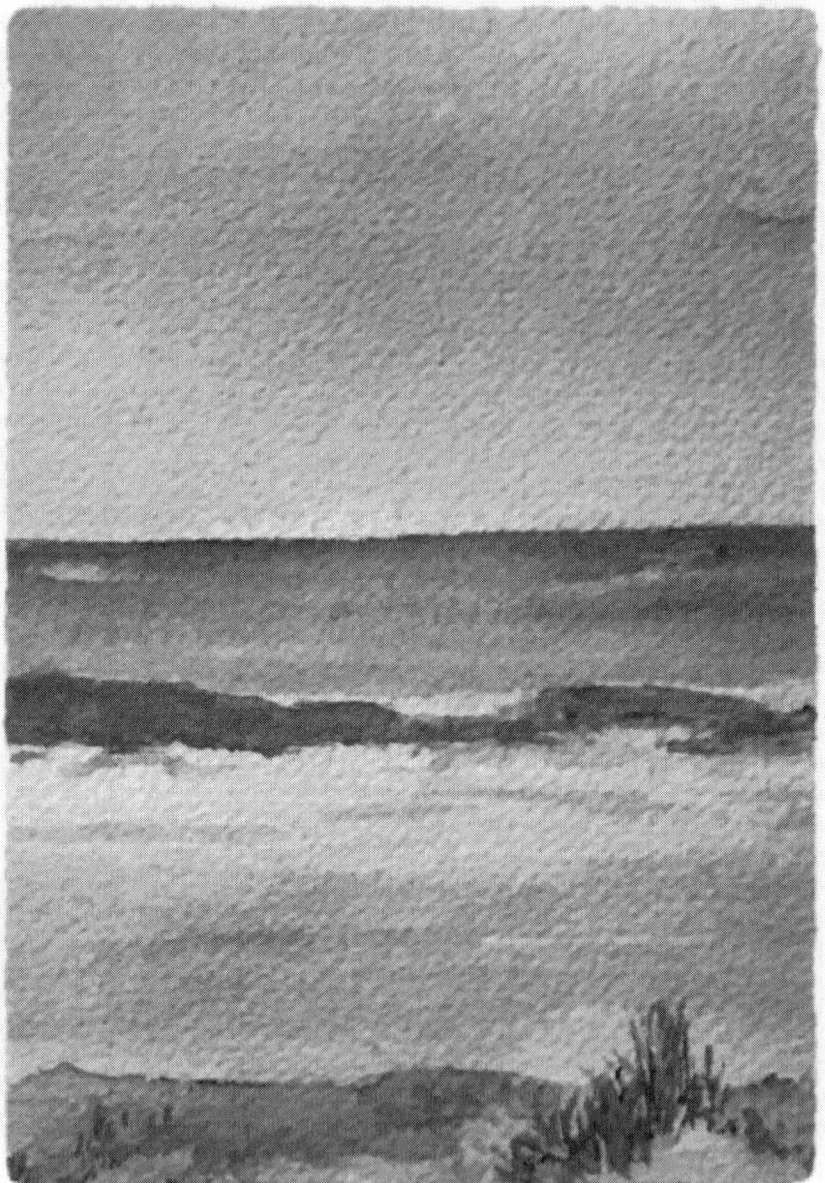

Como cuando vemos al horizonte en la playa y parece que es eterno.

Así es el camino de la vida, eterno, donde siempre habrá un sueño por el que cumplir, una persona a la que querer y una razón por la que vivir.

Desahógate cuando lo necesites

Todos en esta vida hemos tenido un mal momento, o muy malo, un mal día o quizás más de uno, de esos que sientes que se te viene el mundo encima, que nada sale como esperabas y lo último que quieres es pasarlo mal.

En momentos así hay dos opciones. La primera es desahogarse, no quedarse con nada dentro. Y la segunda es seguir adelante como si no hubiese pasado nada pero con un nudo en la garganta y un dolor en el pecho que tarde o temprano nos pasará factura.

Yo te aconsejo la primera opción y más de uno también lo hará.

La primera opción es la mejor opción para nosotros, la que todos los humanos deberían escoger, pero también es la opción que sólo los valientes se atreven a escoger. Ellos, los valientes, los que escogen la primera opción, son los únicos que atreven a ser un humanos.

Desahogarse es explicar cómo te sientes, deshacer los nudos de la garganta y ese dolor incómodo en el corazón. Desahogarse es dejar ir todo aquello que te hace daño y que no te deja avanzar.

Todos alguna vez nos hemos tenido que desahogar. Desahogarse no es solo cosa de niños. Desahogarse es cosa de niños, adultos y mayores, es cosa de todos.

No te diré cómo desahogarte, ni cuándo, ni cómo. Eso es cosa tuya, cada uno lo hace a su manera.

Cuando sientas que debes desahogarte, hazlo. Créeme, que te sentirás mejor.

Desahogarse es de humanos y por lo tanto, es de valientes.

Un valiente, es aquel que se atreve a ser un humano de verdad, un humano que siente, que sueña y que a veces sufre.

Sé un humano de verdad y deja salir ese sufrimiento desahogándote. Déjalo ir y volverás a sonreír y con alegría, como si nunca hubieses sufrido.

Un pequeño recordatorio

Vive, pero vive bien y de verdad, sueña, siente y ama todos los días de tu vida con todo tu corazón como si no hubiera un mañana.

Sé fuerte. Cada día más fuerte y lucha siempre por lo que de verdad importa, por aquello que te haga feliz.

Aprende a perdonar, aprende de lo malo, aprende valorar a quien te quiere, quien lucha por ti, sobre todo aprende a valorar los momentos buenos de la vida.

Haz que tus sueños se cumplan y no te rindas nunca.

Toma las decisiones desde el corazón, porque no hay decisión más correcta y buena que una tomada desde el corazón.

Sé feliz, que alcances un punto de felicidad que no sepas ni por qué.

Colecciona momentos increíbles, bonitos, de esos que dejan huella y jamás te olvidas, y cuantos más mejor.

Y jamás dejes de amar. Aún tengas el corazón hecho en mil pedazos, ama.

Te lo mereces

Te mereces lo mejor del mundo.

Te mereces a alguien que te quiera, a alguien que te apoye, te valore, te mereces a alguien que no le importen tus defectos, a alguien que te quiera tal y como eres.

Te mereces que te amen como si ni hubiera un mañana, vivir momentos increíbles y que te pasen cosas buenas, de esas que dejan huella.

Te mereces ser tan feliz que no sepas ni por qué.

Te mereces estar rodeado de buenas personas, de ese tipo de personas que tienen un valor incalculable, un corazón de oro y si algo te hacen sentir afortunado, bien y agradecido.

Te mereces amar tanto, que llegue un punto que lo que sientas sea indescriptible.

Te mereces a alguien con quien puedas compartir tus sueños, tus ilusiones y logros.

Te mereces vivir y soñar, bien, mucho y con ilusión.

Te mereces cumplir cada uno de tus sueños.

Te mereces felicidad, esa felicidad que haga que te salgan una sonrisa de oreja a oreja y que te brillen los ojos como si fueses una estrella que ha venido a brillar.

Te mereces todo lo bueno, porque todo el mundo, todas las buenas personas se merecen vivir algo así. Algo tan bueno, tan bonito e increíble, y tú no ibas a ser menos.

En la vida

En la vida podemos soñar y podemos conocer personas inolvidables.

Unos sueños se cumplirán antes que otros. Unas veces habrá personas que lucharán por nosotros, porque nos quieren, porque quieren que formemos parte de su vida, porque en parte somos su sueño y otras veces seremos nosotros.

La vida, los momentos y las circunstancias influyen para que pasen las cosas, y para lograr aquello que queremos, pero no siempre es así.

Hay momentos en los que nos tocará a nosotros luchar por las personas que amamos y luchar por nuestros sueños.

Lograr lo que quieres, luchar por lo que quieres, tus sueños, lo que amas, depende de ti. Tu demuestras si realmente lo quieres o no.

Demuestra que amas tus sueños, que amas a aquellas personas que quieres, demuestra que quieres que formen parte de tu vida, demuestra que te importa.

¡Demuéstralo, pero antes que demuéstratelo a ti y te lo agradecerás!

Lucha por tus sueños, por aquella persona que tanto quieres y por ese 10 que tan feliz te haría. Lucha por lo que realmente te hace feliz.

Sé el ejemplo de alguien que realmente emprende el viaje para conseguir aquello que le hace feliz. Sé el ejemplo de un valiente. Sé el ejemplo del resultado de lo que puede conseguir el amor. Sé el ejemplo de alguien que aún teniendo miedo sigue adelante. Sé el ejemplo de alguien que aún siendo orgulloso, es capaz de tragarse el orgullo por lo que ama. Sé el ejemplo de alguien quien realmente quiere ser feliz.

Demuestra que tú sí iniciarás el viaje para conseguir aquello que te hace feliz, por lo que amas o por quienes amas.

Demuestra que tú si eres alguien que quiere ser feliz, sonreír y disfrutar. Demuestra que tu felicidad te importa y que por tanto, las personas, sueños, y todo aquello que ames, te importa. Que todo aquello es tu felicidad.

Y que por lo tanto, iniciarás el viaje hacia la felicidad, luchando por ellos, pero también por ti, y sin darte cuenta estarás alcanzando la verdadera felicidad. Así por cada día que pase más feliz serás.

Vive la vida, pero vívela bien.

Hay veces que vivimos tan deprisa que nos olvidamos de disfrutar de la vida, que no valoramos las cosas y que nos olvidamos de soñar.

No hay nada malo en vivir deprisa, siempre cuando no nos olvidemos de lo que de verdad importa: Amar, Soñar, Disfrutar de los buenos momentos, etc. Antes que vivir rápido, hay que vivir bien.

Vivimos bien cuando soñamos y vamos a por nuestros sueños. Cuando aprendemos de los errores, cuando perdonamos y no guardamos rencor, cuando salimos adelante de los malos momentos, cuando no nos rendimos, cuando tenemos Fe, cuando disfrutamos de los buenos momentos, cuando aprendemos cosas buenas, etc.

En definitiva, vivimos bien cuando valoramos la vida, pero cuando la valoramos desde el principio con sus cosas buenas y las no tan buenas. Vivimos bien cuando nos damos cuenta que no necesitamos que nos arrebaten algo, para valóralo, porque lo hemos valorado desde el principio y bien.

La vida se trata de soñar, valorar, creer, tener Fe, de luchar por lo que importa, disfrutar y amar desde el principio.

Quizás no te acuerdes pero cuando éramos niños lo hacíamos, ¿por qué no hacerlo ahora?.

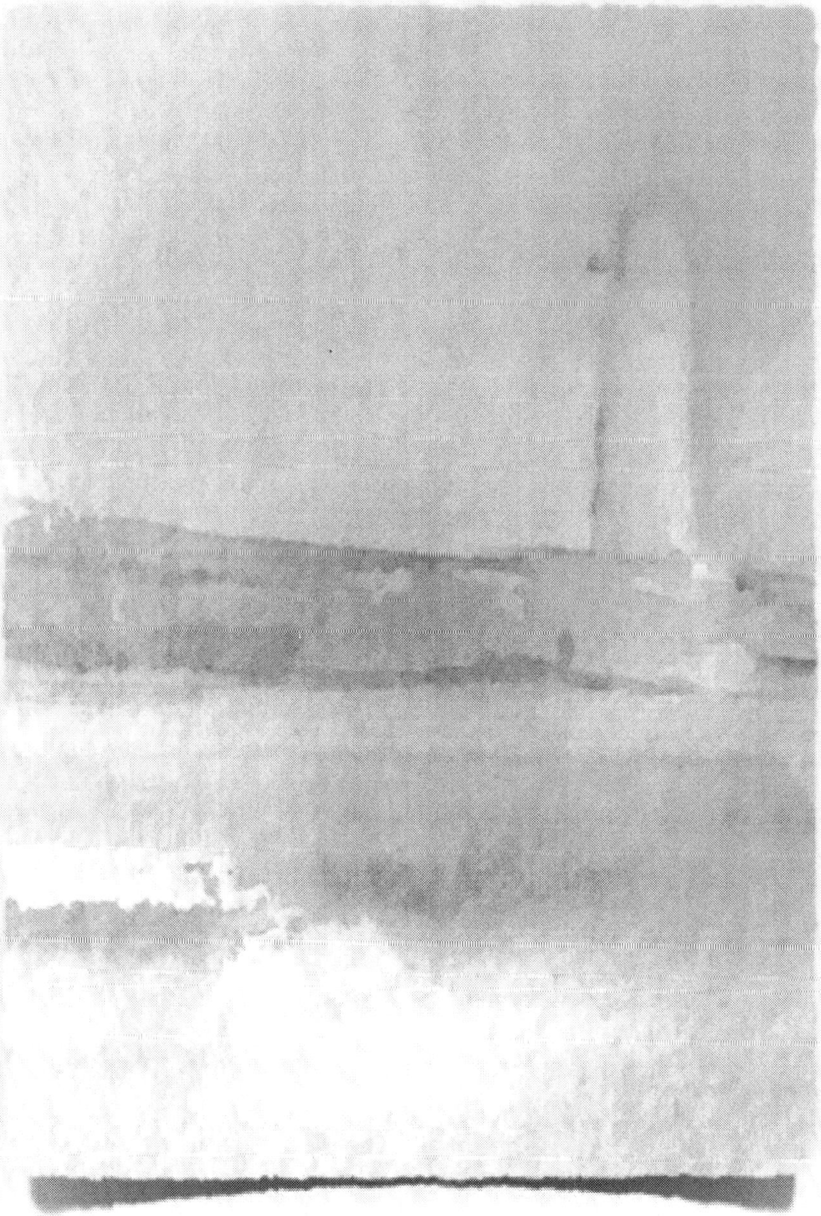

*Somos náufragos soñadores
que para llegar a la costa
y hacer nuestros sueños realidad,
necesitamos la guía
de un faro llamado
CORAZÓN.*

Imprescindible

Vivir. Soñar. Persistir. Ayudar. Creer. Valorar. Conservar. Sonreír. Aprender. Mejorar. Amar. Comprender. Confiar. Abrazar. Besar. Dar. Acompañar. Extrañar. Apreciar. Perdonar. Avanzar. Disfrutar. Cuidar. Regalar. Estimar. Proteger. Compartir. Llorar. Sentir. Recordar. Crecer. Imaginar. Intentar. Arriesgar. Ser feliz.

Lecciones

Habrá veces que se reirán de ti, que creerán que no puedes, que te infravalorarán, que te intentarán quitar las ganas, hasta que te intentarán hundirte.

¡Pobre de ellos! No saben que te hacen más fuerte. ¡Pobre de ellos! No saben que te han dado un motivo más para luchar por lo que quieres y demostrar que no sólo están equivocados, sino que vales mucho y que puedes conseguir lo que te propongas.

Con el simple hecho de luchar por lo que quieres, ya les estás dándoles una lección, a los que te han infravalorado, a ti porque te has superado y a la vida porque una vez más estás afrontado los obstáculos.

Cuando lo consigas pasarás de dar una lección a ser

un ejemplo a seguir, a demostrar que a pesar de todo lo has logrado.

Y una vez más demostrarás que todo lo bueno, las ilusiones, sueños y amor, no sólo hacen más fuerte a uno sino que supera todo lo malo y aquello que te hacía daño.

Y si por una vez te afectaron, te hicieron daño todas esas malas opiniones, todo lo malo, ya no. Ya no te harán daño. Al contrario te han hecho más fuerte, te han hecho imparable, te han hecho conseguir todo lo que te propones .

Todo lo malo quedará como aquello que te hizo más fuerte, aquello que te hizo superarte una y otra vez. Y demostraste al cumplir lo que quieres que a pesar de todo lo lograste. Eso te hará ser increíble y cada día serás más increíble.

Puede que la vida te dé lecciones, pero tú también se las darás, incluso a aquellos que te hicieron daño y no creyeron en ti. ¡Y qué decir que tú vales mucho, se queda corto!

Defectos

Te voy a contar un secreto. No sólo tengo un defecto, tengo muchos. Todos lo tienen, estoy muy lejos de ser perfecta pero tampoco quiero serlo.

Los defectos no están para decir no puedo hacer esto. Los defectos no son excusas. Los defectos son pruebas para superarse a uno mismo y a pesar de ellos luchar por lo que amas, hacer lo que amas.

Quizás no lo sepas pero detrás de los defectos siempre hay algo bueno, un don, sueños, impulsos que te llevan luchar por lo que quieres, a superarte a ti mismo, etc. Yo lo veo así. Es cuestión de perspectiva. Sólo hay que verlo y si no lo ves créetelo. Cuando empieces a creértelo: te superarás una y otra vez. Serás cada vez más fuerte, un ejemplo a seguir y sacarás cada vez la mejor versión de ti.

Los defectos no están para enfocarse en ellos, ni para amargarse, ni frustrarse, ni mucho menos para pensar qué tenemos mala suerte o pensar que nos impiden muchas cosas.

Los defectos siempre formarán parte de nosotros, y hay que aceptarlos, no queda otra. Los defectos no son malos, son sólo defectos y ya está.

No ganamos nada enfocándonos en ellos. Al enfocarnos en ello, no vemos la cantidad de cualidades, dones y talentos que tenemos. Los defectos no están para qué nos centremos en ellos y nos perdamos todo lo bueno que tenemos, todo lo bueno. Al contrario están para que veamos nuestras increíbles cualidades, dones y talentos.

Deja a un lado los complejos, las imperfecciones y los defectos. Acéptalos, porque cuanto antes lo aceptes, antes te darás cuenta que no tienen importancia y que es algo natural.

Céntrate en tus dones, cualidades y talentos, porque los tienes, porque junto con los defectos, es todo lo que forma parte de ti. Es lo que hacen que seas único, porque como tú, no hay nadie más.

Mas allá de los sueños

Más allá de los sueños, están los retos. Cada reto es un sueño que uno se ha propuesto cumplir.

Para empezar a cumplir nuestros sueños, tenemos que cumplir nuestros retos. Para cumplir nuestros retos hay que empezar a cumplir los retos pequeños que no por ello son menos o indiferentes, al contrario, son los más pequeños, los que son la base de nuestros sueños.

Es como cuando éramos pequeños antes de empezar a andar o correr, gateamos, pero si no sabemos gatear sería muy complicado empezar a andar y si no sabemos andar no sabremos correr, pues con los sueños igual.

Los sueños son como una especie de escaleras, para llegar alto hay que empezar a subir escalones. Esos escalones son otros sueños menos grandes pero con el mismo valor y siguen siendo sueños. Que sean menos grandes no le quita a un sueño ser menos sueño. El primer escalón de la escalera, es un sueño, pequeño, sí, quizás muy pequeño pero que sin duda lo vale todo. Ese pequeño sueño será el primer paso para cumplir nuestro sueño más grande y eso lo hace imprescindible.

Por lo que ponte cada día un reto, un mini reto, un mini sueño. La suma de esos mini retos, de esos mini sueños darán lugar a retos más grandes. Cada vez serán más, hasta llegar al sueño grande: el gran reto, el cual acabarás cumpliendo gracias a los retos más pequeños, los imprescindibles, los que sin ellos no lo habrías logrado.

Te darás cuenta de la importancia que tienen los demás sueños, retos u objetivos que por muy insignificantes que parezcan, no lo son, todo lo contrario, son imprescindibles.

Hay corredores que entrenan años, todos los días, más de cinco horas, para bajar un par de milésimas, de segundo.

Unas milésimas que lo son todos para ellos, unas milésimas que son el pase para hacer realidad su gran sueño.

Todos los días se retan, se proponen cumplir sueños pequeños. Es el entreno constante, el ponerse retos todos los días los que le llevarán a cumplir su gran sueño. Son los pequeños sueños, pequeños retos los que hacen grandes cosas, son aquellos los que hacen posibles cumplir nuestros grandes sueños. Por cada día que no nos retamos, por cada día que no cumplimos un sueño pequeño, un pequeño reto, un pequeño propósito, nos vamos alejando cada vez más de nuestros grandes sueños hasta el punto de que lo veamos inalcanzable, pero nunca lo son, nunca lo han sido y nunca lo serán.

Somos nosotros los que lo hacemos inalcanzable y al igual que lo hacemos inalcanzable lo podemos hacer alcanzable, cercano y posible, y será cumplir pequeños propósitos, retos, sueños u objetivos los que harán que así sea.

Trabaja para ti, por ti.

Trabaja todos los días de tu vida, esfuérzate, comete errores, reconócelos y aprende, perdona, ama y sé feliz. Haz que todos los días haya una mejor versión de ti, crece, di lo que sientes y arriésgate.

Sigue trabajando en ti, luchando por aquello que amas día y noche. Acercándote cada día más a tus objetivos y haciendo realidad tus sueños.

Supérate a ti mismo una y otra vez. Sé imparable y avanza. Sigue avanzando y triunfa. Triunfa como nunca, porque sí que puedes, porque te has esforzado y todo esfuerzo tiene su recompensa. Una vez que hayas triunfado, sigue avanzando, esforzándote y trabajando en ti todos los días de tu vida para jamas dejar triunfar.

Sé un ejemplo a seguir, haz que cada día seas un mejor ejemplo que el anterior,

Trabaja en ti cada día más porque cuanto mejor seas, más cosas buenas le podremos aportar a otros.

Así como nosotros somos el ejemplo a seguir de ellos, ellos lo serán de otros, y otros de otros, creando así un mundo mejor. Un modelo a seguir en el que todos damos lo mejor de nosotros trabajamos por nosotros y sin darnos cuenta, lo haremos por todos.

Valientes

Luchar por los sueños, la vida y todo en general, no es fácil, no lo es. Para ello hay que ser valiente, porque sólo un verdadero valiente emprende el camino hacia sus sueños sin saber lo que le espera.

Todo aquello que tenga que ver con lo que amamos y que merezca la pena, cuesta. Conseguirlo cuesta pero más cuesta ver aún, cómo los días pasan, cómo seguimos respirando y no hacemos nada por ir por lo que amamos, y eso nos hace vulnerables.

Ser vulnerable es conformarte con lo que tienes, no ir a por lo que amas quizás por miedo o porque sabes que no va a ser fácil. Ser vulnerable es lo contrario de ser valiente, ser valiente es ser fuerte e ir a por lo que amas.

Cuando nacemos somos pequeños, indefensos y frágiles pero también somos valientes, nacemos siendo valientes.

Nacemos siendo valientes porque sin saber qué es la vida, el amor, en definitiva, sin saber nada, amamos, amamos desde el minuto 0.

Y quizás cuando nacimos estábamos indefensos, éramos frágiles, pequeños y necesitábamos a nuestros padres para vivir. Pero lo que de verdad éramos, era fuertes y valientes, porque amábamos, sin saber lo que era amar.

Cuando éramos pequeños amábamos, reíamos, sonreíamos y llorábamos, en definitiva, sentíamos y sabíamos disfrutar de todo, de lo más pequeño hasta lo mas grande, sabíamos disfrutar de la vida. Y aquello, aquello es lo nos hacía tan valientes.

Es a medida cuando vamos creciendo, la etapa donde decidiremos si queremos seguir siendo valientes y por lo tanto, ser fuertes, alegres, optimistas, ser una persona que ama, que sueña y valora la vida o ser todo lo contrario.

Y no. No estoy hablando de la persona que se atreve a nadar entre tiburones, hacer paracaidismo, etc.

Con ser valiente me refiero a quien ama, a quien nunca ha dejado de creer en el amor ni de amar aún teniendo el corazón roto, aún habiendo sufrido más de una desilusión, a quien no deja de estudiar aún habiendo suspendido, a quien no abandona teniendo todas las de perder, etc.

Es valiente quien sueña y va a por los sueños. Es valiente quien no se rinde. Es valiente quien no pierde la Fe aún cuando la vida no se lo ha puesto fácil. Es valiente quien sabe ver la luz al final del túnel en los malos momentos. Es valiente quien sabe que la vida es un regalo, que la vida es maravillosa y que está llena de oportunidades, y que por tanto, valora y da gracias. También es valiente quien sabe perdonar. Es valiente quien cree en que todos nos merecemos una segunda oportunidad, incluso nosotros mismos. Es valiente quien sabiendo todo lo malo se centra en lo bueno. Es valiente quien asume el riesgo sabiendo que tiene todas las de perder.

A medida que vamos creciendo podemos ser cada cada vez más valientes.

Pero ser valiente o no, seguir siendo valiente o dejar de serlo, depende de nosotros, de nuestra actitud y de nadie más.

Quien es valiente no es porque haya nacido siendo valiente y porque él sea así desde un principio. Quien es valiente es porque él ha decido ser valiente.

Quien es valiente ama y quien ama, sueña. Quien es valiente no sólo sueña y ama, quien es valiente es feliz, quien es valiente es imparable. Quien es valiente puede con todo.

Nunca es tarde para ser valiente.

Cada vez hay más valientes, que aman, perdonan, disfrutan, sueñan y saben valorar la vida.

¿Y tú? ¿Te atreves a ser valiente?

Si quieres ser alguien, sé un valiente

Futuro

Seguro que alguna vez te han preguntado¿ Qué crees que pasará en el futuro? o ¿Cómo te ves en el futuro?.

Respecto a la primera pregunta sólo podemos contestar suponiendo o no sé, siempre es otra opción. Porque no sabemos qué va a pasar. No saber qué va a pasar en el futuro es lo que hace que la vida sea más interesante y es lo que nos hace valorar todo desde el principio y sobre todo, disfrutar y vivir cada instante.

En definitiva, el futuro es un misterio pero un misterio que hace que la vida sea emocionante e increíble.

Nunca sabes qué va a pasar, pero la vida cuando menos te lo esperas te sorprende, y muchas veces para bien. Y si alguna vez te sorprende para mal es porque después viene algo bueno, muy bueno.

La vida no te sorprendería si hubieses sabido qué va a pasar, si hubieses sabido el futuro. Por eso el futuro está bien como está, así tan misterioso y a la vez lleno de sorpresas .

Respecto a la segunda pregunta es una pregunta de la cual deberíamos saber la respuesta sin que nos preguntasen, ya que la respuesta dice mucho de cómo somos y de nuestra actitud. Es una respuesta simple, muy simple: en el futuro, da igual que sea un futuro cercano o lejano, nos tenemos que ver como ahora pero con más ilusión, con más ganas, con más positividad, amando más, etc.

En resumen, en el futuro nos tenemos que ver valorando lo que tenemos, lo que amamos y luchando por nuestros sueños. Una respuesta que da igual cuánto tiempo pase o lo que pase, que siempre será la misma, una respuesta de alguien fuerte, de alguien que sí sabe amar.

Tu talento

El talento es algo todos tenemos. Cada uno tiene el suyo. El talento es un don que hace que amemos lo que hacemos, lo disfrutemos y que como resultado creemos algo único.

Tú tienes mucho talento en aquello que haces tan bien, que lo haces único, tan único, que dejas tu huella y estoy segura que tienes más de un talento.

No todos tenemos el mismo don, pero el don que tenemos, el don que tienes tú, es lo que te hace que seas bueno en ello.

Ya va siendo hora de que te des cuenta del talento que tienes, que lo veas y que lo aproveches.

Y, por si no lo sabes, un talento es algo de lo que siempre deberíamos estar orgullos, así que siéntete orgulloso de él.

Siempre podrás mejorar. Pero lo bueno de los talentos es que desde un principio somos buenos en ello. Y esto es porque ése es nuestro talento, nuestro don.

Descubre poco a poco tu talento, aprovéchalo y haz que brille. Empieza a hacer lo que siempre has querido hacer, en lo que realmente siempre has tenido talento.

Y si aún no has empezado a aprovechar tu talento, empieza ahora, porque talento tienes, y nunca es tarde para aprovecharlo y darte cuenta de lo bonito que es.

Con el paso del tiempo aprenderás cada día mas de tu talento, lo disfrutarás y lo amarás mas. Pero sobre todo te sentirás afortunado por tenerlo.

La respuesta de todo está en nuestros corazones

A menudo nos hacemos preguntas, podemos hacernos las preguntas que queramos y no tener respuestas, pero cuando esas preguntas se tratan sobre uno mismo, siempre hay respuesta.

Todas esas respuestas no están en la cabeza como muchas veces pensamos. Todas esas respuestas están el corazón, en nuestro corazón.

La cabeza nos puede responder, claro que sí. Pero la respuesta que nos dé nunca va a ser la verdadera. La que nos dé va a ser la respuesta que quizás por las circunstancias, por lo que sentimos o por cualquier otro motivo, sea es lo que queremos escuchar, porque pensamos que es "lo mejor" o quizás tenemos miedo de escuchar la verdadera respuesta

Y ahí es donde estamos equivocados. La mejor respuesta que nos pueden dar está en nosotros, pero no en nuestra cabeza, sino en nuestro corazón.

Que sí, que puede que suene cursi, romántico o como lo quieras llamar. Pero en serio que la mejor respuesta está en nuestro corazón porque es lo que realmente queremos, lo que realmente sentimos.

Lo mejor de esa respuesta es que es real. Ya que nos la da nuestro corazón, y por lo tanto es lo que de verdad sentimos. Esa es una de las razones por las que no debemos tenerle miedo. Tener miedo a esa respuesta es temer a lo que sentimos, y no es malo sentir, ya que nos hace humanos y sentirnos vivos.

Al sentir encontramos respuestas, soñamos y amamos.

No tengas miedo a sentir, no tengas miedo a las respuestas que encuentres.

Las respuesta que el corazón dicte son y serán las correctas.

Lo que sientes es acertado, lo que sientes está bien. Lo que sientes será la verdadera respuesta a esa pregunta que probablemente te la hayas formulado más de una vez.

La respuesta de todo siempre la dictará nuestro corazón y lo que sentimos. Sea cuál sea la pregunta, aquella para la que necesites una respuesta, tu corazón te la dará. No sólo eso, sino que la sentirás como auténtica y verdaderamente.

Retos

Supongo que algunas veces nos tienen que retar para así empezar aquello que siempre hemos querido empezar o qué nos gustaría hacer, pero que sin embargo nunca lo hemos empezado o hemos hecho.

Y que a todos nos gusta ganar de vez en cuando. Con retos como éstos no se puede perder. Con esto, te doy un motivo más para aceptar el reto, en el cuál solo podrás ganar cosas buenas y bonitas. Por ello te reto:

1. Te reto a que si nos has empezado a luchar por tus sueños, empieces ya.
2. Te reto a que no te calles lo que sientas, que sentir, sobre todo sentir bien es muy bonito.
3. Te reto a que en los malos momentos después desahogarte, te rías, sonrías y sigas avanzando, fuerte, sin rendirte.

4. Te reto a que no abandones tu sueño jamás a que persistas siempre, y que tampoco dejes que los demás abandonen sus sueños. Y motívalos, motívalos para que lo logren. Tú puedes ser una motivación y un apoyo, nunca lo olvides.
5. Te reto a que sueñes cada día más, a que no dejes de amar y a que luches por tu felicidad.
6. Te reto a que te pongas un mini reto cada día y lo cumplas, recuerda: un mini reto cumplido = mini sueño cumplido.
7. Te reto a que retes a alguien a cumplir estos retos. Yo te he retado a ti. Ahora tú reta a alguien.

Sin darnos cuenta estaremos creando una cadenas de retos.

Estoy segura de que habrá más de un valiente, un soñador y triunfador que cumplirá estos retos. Personas que sin duda serán un ejemplo a seguir. Personas que tendrán un motivo más para sentirse orgullosos, personas que sueñan, que no se rinden y que por lo tanto, triunfan una vez más.

Celebra siempre

Siempre que celebramos, lo celebramos puntualmente, de vez en cuando, cuando pasa algo bueno o muy bueno.

Asociamos tanto celebrar con una fiesta, con hacer algo diferente, asociamos tanto celebrar con un cumpleaños, un aprobado, un reto cumplido, un nacimiento, haber encontrado trabajo. Nos olvidamos de celebrar todos los días otras cosas, sentimientos o acciones que también hay que celebrar.

No te digo que no hay que celebrar cada cumpleaños, nacimiento, aprobados o todo aquello que estemos acostumbrados a celebrar. Al contrario hay que celebrarlo bien, muy bien, es algo muy bueno, y que no pasa todo los días.

Lo que si te diré es que todos los días, a todos horas tenemos motivos para celebrar. Por lo tanto, tenemos que celebrar todos los días.

Tenemos que celebrar que tenemos talento, que tenemos sueños, celebrar que hay personas que nos quieren, celebrar que vivimos, celebrar que hemos logrado un pequeño reto, celebrar porque cada día nos esforzamos para sacar nuestra mejor versión, celebrar por los demás y no solo por nosotros, etc.

Todos los días hay más de un motivo para celebrar incluso aunque ese día no haya sido tu "día", siempre habrá un motivo.

Y no hace falta hacer una fiesta o algo especial, porque las mejores celebraciones se celebran riendo, disfrutando, viviéndolo y sintiéndolo.

Con reír, disfrutar y sentir una vez al día, ya estás celebrando. Y que cuando hagas una fiesta para celebrar será una fiesta para pasar un rato diferente con los tuyos, para disfrutar y reír con ellos. Y sabrás que no necesitas una fiesta para celebrar, porque siempre has celebrado .

Y ese día quizás celebrarás de una manera diferente y especial. Es probable, pero no quiere decir que al celebrarlo de una manera diferente, los demás días celebras menos.

Diferente no es igual a más, diferente es igual a no habitual, a único pero no por ello menos que los demás días.

Celebra todos los días de tu vida, porque todos los días habrá más de un motivo para celebrar.

Actitud

La actitud lo es todo. No confundas la actitud con como somos. Cada uno es cómo es. Unos son tímidos, otros no; unos abiertos, otros cerrados; unos más justos que otros; unos cariñosos y otros no tantos. En definitiva, cada uno es cómo es, pero que cada uno sea como sea, no quiere decir que no podamos elegir tener una buena actitud.

Quizás no podemos cambiar como somos. Ya que ser más cariñosos o no, abiertos o no, o como sea que seamos. Ser lo que somos es lo que nos hace que seamos únicos, y por lo tanto, diferentes al resto.

Pero la actitud siempre se puede cambiar y nunca es tarde para cambiarla. La actitud es algo decisivo en nuestra vida. Dependiendo de la actitud que tengamos veremos la vida, las cosas, todo, de una manera u otra.

Al decidir qué actitud quieres tener, estás diciendo no sólo lo que vas a ser, sino qué va a ser de tu vida. Estás decidiendo si eres alguien que sabe valorar la vida, lo que ella nos ofrece o no. Estás decidiendo si eres de los que van a por lo que aman o de los que se quedan esperando a que suceda aquello con lo que tanto sueñan o viendo cómo los valientes cumplen sus sueños mientras los tuyos cada vez están más lejos. ¿Cuál eres tú?

Te voy a decir algo más. Te diré una verdad:

"Por si no lo sabes las cosas buenas llegan, pero hay que ir a por ellas. Nada se consigue sin esfuerzo, sin dedicación, sin ir a por ello sin amor, sin ganas y ni sin tiempo. Nada se consigue sin hacer nada. Quien no hace nada por cumplir sus sueños, o por no ir a por lo que ama, quien no se esfuerza, quien no ama, no conseguirá nada."

Con tu actitud estás diciendo todo. Con una buena actitud solo puedes ir para arriba. Con una buena actitud saldrás de los malos momentos. Con una buena actitud lograrás lo que te propongas.

Esa buena actitud te impulsará a hacer lo que más quieres, ir a por lo que más quieres. Esa buena actitud hará que veas las cosas de una manera increíble, que veas lo bueno hasta en lo malo, que saques positividad hasta debajo de las piedras. Esa buena actitud hará que pasado 10 años estés viviendo la vida que elegiste y no con la que te conformaste. Esa buena actitud sólo podrá cambiar tu vida, pero para bien, con viento en popa, buena proa , con ilusión y alegría.

*Todos los días se cumplen sueños.
Y mañana, mañana se puede
cumplir el tuyo.*

Por nosotros

No sé cuándo se harán realidad nuestros sueños, no sé cuánto durarán los malos momentos, no sé que pasará en un futuro, no sé muchas cosas.

Me encantaría decirte que todo en la vida es maravilloso, que todo se cumple a la primera, y que no se sufre, pero no te voy a mentir, no siempre es todo de color de rosas.

Lo que sí sé, es que pase lo que pase nunca hay que rendirse. Qué pase lo que pase tenemos que enfocarnos en lo bueno, encontrar nuestro soporte y seguir para adelante. Que la vida puede ser dura, sí, pero que también tiene muchas cosas buenas, momentos maravillosos y personas que valen oro.

Cuando los momentos son maravillosos, las personas que valen oro y las cosas buenas se juntan es algo increíblemente bueno, inexplicable y decir que sienta genial, se queda corto.

Es una de esas sensaciones que quieres describir pero no puedes ya que no hay palabra que consiga describir esa sensación y que solo queda sentirla, vivirla y trasmitir todo lo bueno que te ha provocado.

Es una sensación tan bonita que no te ríes de todo lo malo que alguna vez has tenido que pasar sino que te olvidas, como si nunca lo hubieses vivido, como si nunca te hubiesen hecho daño o como si nunca hubieses sufrido.

Quizás ya has vivido una sensación así. Si es así me alegro y ojalá vivas muchas sensaciones así, porque todos nos merecemos vivir sensaciones así. Y a quien aún no haya vivido esa sensación, la vivirá tarde o temprano, y ese día la vivirá a lo grande como se lo merece.

Tarde o temprano los sueños se hacen realidad, así que te lo pido por favor: no te rindas. Sé que cuesta y que como todo, hay algún momento que sientes que no puedes más, que estes en una mala racha y que sientes los sueños cada vez más lejanos.

Lo digo siempre y no me cansaré de decírtelo: los sueños se hacen realidad.

He visto sueños hacerse realidad y también he visto cómo luchan por sus sueños, y sé que esos sueños se harán realidad.

Yo lucho por mis sueños y tú deberías hacer lo mismo.

Los sueños forman parte de nosotros. No podemos ser los mismos sino hacemos nada por esa parte de nosotros, nuestros sueños.

Los sueños son esa parte que forman parte de nosotros y están conectados con nuestro corazón. Esa parte que necesita y quiere que luchemos por nuestros sueños. Así como la aorta lo está con el corazón, los sueños también lo están. Si una aorta falla el corazón no es lo mismo, nosotros mismo no somos los mismos, pues con los sueños igual. Si no hacemos nada por esa parte que forma parte de nosotros, no seremos los mismos aunque parezca lo contrario y pensemos lo contrario.

Hacer realidad nuestros sueños es el premio de alcanzar nuestra propia meta. Para llegar a la meta hay que luchar esforzarse, no importa si tardamos más o menos. Lo importante es no rendirse y llegar,

Ahora eso sí, no pretendas alcanzar la meta con tan sólo soñar, viendo como los demás hacen algo para hacer realidad sus sueños, mientras tú sólo observas y no haces nada por tus sueños, porque eso no funciona.

Los sueños pueden ser difíciles de lograr, quizás a veces unos más complicados que otros, puede que también necesiten mucho esfuerzo, etc. Pero lo que nunca dejarán de ser: es posibles, no lo olvides nunca.

De la forma más espontánea

Hay veces que sin darnos cuenta ya estamos haciendo lo que nos gusta. Lo que queremos hacer y es probable que lo estés disfrutando tanto, que ni te has dado cuenta de ello. Nos bastará con pararnos un segundo e inmediatamente verlo.

Por ejemplo, cuando uno da consejos pero de los buenos e influye en los demás de manera positiva; cuando uno hace una foto desde una perspectiva y una manera única, convierte esa foto en arte; al pintar y descubrir que se te da bien, que te engancha, o al escribir y ver que esas palabras lleguen al alma, etc.

En momentos como esos, al hacer ese tipo de acciones, es cuando vienen los sueños, así de la nada, de la manera más fugaz, más inesperada y espontánea que pueden venir.

Cuando los sueños vienen, vienen a quedarse, para no irse jamás. Pero también vienen a cumplirse, a pasar a ser una realidad.

Y entonces, en ese momento, de la forma más espontánea nos daremos cuenta que ese es nuestro sueño, que siempre lo ha sido y que vamos por buen camino porque lo estamos haciendo realidad.

Sueños y personas

Siempre he pensado que los sueños se cumplen y siempre lo pensaré. Pensar que los sueños se cumplen hace que se vean más posibles y por lo tanto, más reales.

Puede que para cumplir un sueño algunas veces necesitemos a los demás para hacer nuestro sueño realidad. Pero la persona que siempre va a necesitar tu sueño, vas a ser tú. Eres tú el creador de ese sueño, es tu ilusión y tu todo.

Que sepas que en esta vida hay personas malas, sí, de ese tipo que te desearán lo peor, que lo último que quieren es verte feliz y ver tus sueños hechos realidad. Ese tipo de que no pueden desear otra cosa, pero a esas personas ni caso.

Pero también hay personas buenas, personas que ayudan a cumplir sueños, porque sí, que no necesitan ningún motivo para hacerlo.

Personas buenas, que te motivan y te dan mil un motivos más para seguir adelante. Personas que se alegran y se alegrarán de tus logros siempre. Aquellas que no descansarán hasta ver hecho realidad tus sueños, y que quizás nunca descansen porque querrán ayudarte a hacer realidad todos los sueños que puedan. Esas que hacen que no sólo hacen que aproveches tu talento, sino que también creen en él y lo ven. Personas que no sólo dejan huella sino que hacen que tú también dejes huella, personas que sacan lo mejor de ti y siempre lo harán.

Que nuestro sueño se haga realidad, no sólo nos lo debemos a nosotros mismos, si no también a las personas que apostaron por nosotros y dieron lo mejor de ellos cada día para que nuestro sueño cada vez fuese más real. Ese tipo de personas no sólo son inolvidables, también son imprescindibles.

Hacer realidad los sueños sin personas así, seria mucho más difícil. Son ellas las que lo hacen cada día más fácil , real y posible.

Montañas

La vida está llena de montañas. Cada montaña es un sueño, una meta, un reto, un objetivo, etc.

Siempre va a haber una montaña por la cual escalar, un sueño por el que cumplir. Cada montaña tendrá sus obstáculos y sus dificultades para llegar a la cima.

Unas montañas serán más altas, otras más bajas, en unas se tardará más escalar, en otras menos, pero lo que todas tienen en común: escalar y llegar a la cima.

Una vez que lleguemos a la cima, observaremos las vistas y nos daremos cuenta de que no sólo son las vistas, sino que también es la subida.

Siempre habrá otra montaña por la que escalar, siempre la ha habido y siempre la habrá.

Entonces iremos y escalaremos otra montaña, después otra y otra, sin parar.

Porque la vida es eso, la vida es escalar, donde la subida es única y las vistas son geniales.

La vida es maravillosa

La vida está llena de momentos. Momentos buenos y momentos malos.

Pero si algo he aprendido es que los momentos malos nunca serán tan malos porque siempre sacaremos algo bueno de ellos. De esos malos momentos puede que: algunas veces aprendamos, sean como una lección, otras veces para que valoremos aquello que no valoramos, también servirán para cambiar y mejorar las formas de ver las cosas, etc.

Pero lo que siempre conseguirán los malos momentos es hacernos fuertes. Al hacernos fuertes saldremos de ese mal momento. Mirando siempre hacia adelante. Si nos caemos, no pasa nada: nos levantaremos pero nunca nos rendiremos.

Llegarán los buenos momentos. ¡Ay, los buenos momentos!, esos hay que disfrutarlos, sentirlos y vivirlos. Esos buenos momentos son los mejores, incalculables, los que sin duda dejan huella.

La veas, como la veas, la vida es maravillosa.

La vida como todo tendrá sus momentos, malos y buenos. Podrá llegar a ser muy dura, pero también será muy dulce y bonita. El conjunto de todo es lo que la hace tan increíble y maravillosa.

*La vida, la veas,
como la veas, es maravillosa.*

Iniciativa

Ya es tiempo de que tengamos un poco de iniciativa. Hagamos algo porque las cosas pasen, porque los sueños se cumplan y la felicidad nunca se vaya.

A menudo dicen por ahí, no haré nada: "que pase lo que tenga que pasar y que venga lo que tenga que venir".

Ahora bien, es verdad que hay cosas que pasan sin esperarlas, personas que vienen sin buscarlas. Hasta ahí bien. Pero las cosas que queremos que pasen, los sueños que queremos que se cumplan, las personas que queremos que vengan o que nunca se vayan, rara vez vienen o pasan y se permanecen por sí solas.

Las cosas buenas, los sueños que quedan por cumplir y todo aquello que amamos hay que ganárselo. Hay que demostrarnos una y otra vez, que sí que importa, que es algo esencial. Si queremos algo que es muy bueno, alguien a quien tanto amamos, o hacer realidad ese sueño con el que tanto soñamos, lo que que sea, cualquier persona, cosa, que nos haría tan felices , tenemos que ir a por ello.

¿Sabes por qué?

Porque lo bueno nunca es fácil. Porque por todo aquello que merece la pena hay que luchar un poquito. Hay que persistir todos los días, hasta lograrlo. Porque si es así, si realmente lo amas y no lo dejas ir, si realmente luchas por ello, lo lograrás. Y si realmente lo cuidas y sabes valorarlo jamás se irá.

Si lo bueno, lo que de verdad merece la pena, lo que no cambiaríamos por nada del mundo fuese tan fácil, no sería ni tan bueno, ni merecería tanto la pena. Quizás hasta lo cambiaríamos por lo que sea.

Todo lo bueno siempre costará un poquito tenerlo, unas veces más que otras. Pero la mejor parte es que cuando lo conseguimos, se queda, y pasará a formar una parte de nuestra vida. Y nos dará más fuerza, ilusión y positividad para ir a por todo lo que significa tanto y es tan bueno para nosotros.

Sueña un poco mas

Sueña un poquito más y preocúpate un poco menos. Ilusiónate e imagina todos esos sueños que tanto significan para ti hechos realidad, imagínatelo.

Y cuando termines de imaginártelos, te aseguro que volverás con el doble de ilusión.

Es entonces, cuando empezarás con esa ilusión, ese brillo en los ojos y esa sonrisa tonta a hacer algo por hacer realidad ese sueño, aquello que tanto significa para ti.

A partir de ese momento, la ilusión no dejará de crecer. Un día, un día no muy lejano, esa ilusión y ese sueño, se harán realidad.

Llegará un momento en el que los sueños pasarán de ser ficción, una ilusión, a ser una realidad.

Una realidad que nos hará tan felices, que de nuevo nos hará ver que la felicidad no tiene límites, es infinita, que los sueños se hacen realidad y que el amor lo es todo.

La vida

Cuando a uno algo le sale mal, cuando uno atraviesa un momento difícil, cuando uno cree que el mundo se le viene encima, tiende a enfadarse con la vida, a abandonar, a rendirse a frustrase y coger el camino fácil. ¡Y qué pena!

Qué pena porque esa no es la solución, ni la respuesta, ni la forma de salir a delante. Cuando algo no nos salga bien, cuando no estemos en nuestro mejor momento, o todo parezca difícil, tenemos que recordar que :

La vida nos da más que quita, y que lo que quita es porque no es para nosotros.

La vida no pone piedras en el camino, pone pruebas para superarnos cada día mas.

La vida está llena de oportunidades, cada día, cada minuto, cada segundo es una oportunidad.

La vida nos hace amar, reír, disfrutar y sobre todo soñar.

La vida no quiere que sueñes para ver cómo cada día tus sueños están más lejos. Al contario, quiere que sueñes para que luches por ellos y se hagan realidad.

La vida no te quiere hacer sufrir, la vida te quiere hacer más fuerte, más sabio.

La vida quiere que te superes una y otra vez.

Puede que la vida no siempre lo ponga fácil. Pero nunca hay que olvidar que la vida jamás dejará de ser bonita, buena, increíble, maravillosa y única.

Apuesta por ti

Entiendo que puede que parezca que es muy fácil que te digan: tú puedes, tú vales, puedes lograr lo que te propongas, no dejes que nadie te impida cumplir tus sueños, cuenta conmigo para lo que sea, estoy ahí para lo que necesites y que nunca te rindas.

Pero la verdad es que, decir palabras como éstas, no son fácil de decir ¿Verdad?

Pero eso, eso tú ya lo sabes,¿ Acaso le dirías a cualquier persona, en un momento cualquiera : "creo en ti", "cuenta conmigo para lo que necesites" , "lo lograrás"?

Seguramente habrás escuchado estas palabras más de una vez, y si es así, ¡qué suerte!.

¡Qué suerte!, porque quién haya escuchado palabras así es porque tiene alguien que cree en él.

Estas palabras no se escuchan a menudo. Son palabras bonitas pero también con un significado especial: que se dicen de verdad y sintiéndolas.

Quien te las dice, no te las dirá porque sí. Si alguien te quiere hacer la pelota no lo hará así, de esta manera y con estas palabras. Quien te las diga, te las dirá porque le importas y sin duda, porque apuesta por ti .

Y tú, tú también deberías hacerlo.

Apuesta por ti.

Paciencia

Y es que al final hasta la persona menos paciente del mundo, tiene paciencia cuando se trata de algo que ama.

Tener paciencia es no abandonar cuando a uno no le pasa aquello que tanto quería a la primera, ni a la segunda, ni a la tercera, ni a la cuarta, etc.

Tener paciencia es no abandonar nunca, tener fe en que aquello que quieres que pase tarde o temprano pasara.

Tener paciencia es esperar a que pase y saber que pasará.

Sin uno darse cuenta van pasando los días y sigue esperando.

La espera a veces se puede hacer eterna pero entonces pasa. Llega ese día y ocurre lo que tanto querías que pasase, aquello por lo que tanto has esperado.

Y ese día te das cuanta de que la espera ha merecido la pena.

Y entonces, te sale una sonrisa de oreja a oreja, de esas que te hacen feliz y duran, ¡y cómo duran!

Paciencia, que todo llega.

Oportunidades

La vida está llena de oportunidades. Todos los días, todas las horas, cada minuto es una oportunidad. Una oportunidad para comenzar de nuevo, para reír, para amar, para perdonar, para olvidar lo malo y recordar lo bueno.

Una oportunidad no sólo para soñar sino para ir a por tus sueños, con o sin miedo, pero con ganas, con ilusión y amor.

Pero para poder ver las oportunidades de la vida antes nos tenemos que dar una oportunidad a nosotros mismos: date una oportunidad, porque sí.

Porque todo el mundo se merece una oportunidad.

Porque puede cambiarte tu vida, pero para bien.

Porque puede ser el comienzo para hacer realidad tus sueños.

Date una oportunidad y verás las oportunidades tan maravillosas que ofrece la vida. Las disfrutarás, vivirás y no te arrepentirás jamás.

Por nuestra felicidad

Todo el mundo tiene un sueño. Cada sueño es único y especial, pero todos tienen el mismo valor. Y todos llevan a un mismo objetivo: FELICIDAD.

Todo aquello que te hace feliz es un sueño. Un sueño hecho realidad.

Es por ello por lo que tenemos que luchar por nuestros sueños porque al hacerlo estamos luchando por nuestra felicidad, y cuando lo hacemos, lo hacemos desde el corazón.

Llegamos a la conclusión de que la esencia de nuestra vida gira en torno a: la felicidad, amor y los sueños. Son imprescindibles.

Las herramientas de la vida son las que nos ayudan a cumplir y luchar por la esencia de la vida.

AMOR → FELICIDAD

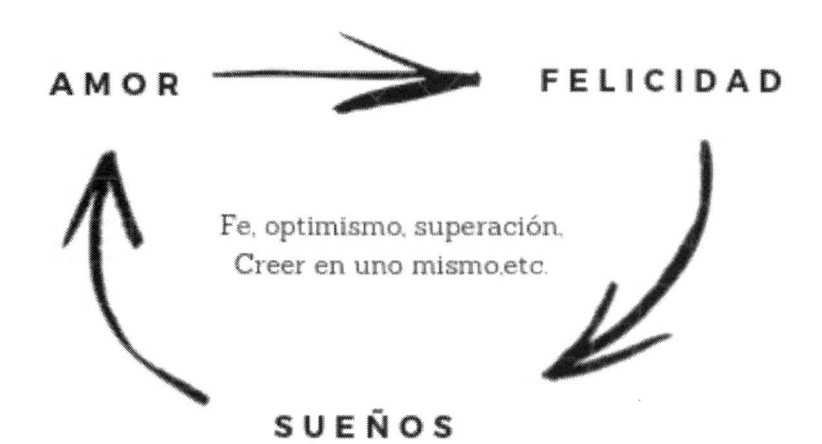

Fe, optimismo, superación.
Creer en uno mismo. etc.

SUEÑOS

Vivir los sueños

"*Muchos de nosotros no vivimos nuestros sueños porque vivimos nuestros miedos*"
— Les Brown

Y ahora pregunto: ¿Por qué vivir nuestros miedos cuándo podemos vivir nuestros sueños?

Todo depende de nosotros, es cuestión de actitud. Si vivimos nuestros miedos es porque queremos y si no vivimos nuestros sueños no es porque no podemos, sino porque no queremos.

Lo mismo pasa cuando uno dice que no puede hacer algo, que es imposible y que no lo va a a lograr . Y efectivamente, no lo logrará pero no lo logrará porque desde el momento que dijo que es imposible y que no puede, es porque ya había decidido no hacerlo, no logarlo y no poder.

Sin embargo, cuando alguien dice que quiere hacerlo es porque ya ha decidido hacerlo, aunque le digan que no puede y le pongan veinte mil obstáculos. Cualquier cosa que quiera hacer lo podrá hacer.

Dicen por ahí: "quien quiere puede. Hace más el que quiere que el que puede" ¡Y qué verdad!

Siempre habrá alguien

Y es que siempre lo digo, que luchar por los sueños no es fácil, y que como todo tendrá sus momentos difíciles. Y que hasta la persona más positiva también necesita ánimos, un poco de motivación y un apoyo.

En esos momentos, llegan esas personas que siempre han estado y te dicen ánimo, no te preocupes, lo estás haciendo bien, sigue así. Y te das cuenta que son esas personas las que de verdad importan. Las que te han acompañado todo el camino y te acompañarán a donde sea que llegues con tus sueños, para vivir los buenos momentos y apoyarte en los que los necesites.

Los sueños no es cosa de uno sino de todas aquellas personas que te han apoyado siempre, que no han dejado que te rindas y te han hecho recordar la razón por la que empezaste.

Y que los sueños se hacen realidad ayudándonos los unos a los otros, y ésa, ésa es una de la parte más bonita de los sueños.

Tipos de personas

Con el paso del tiempo me dado cuenta de que en esta vida hay dos tipos de personas.

Están las personas que buscan motivos para no rendirse, para luchar por sus sueños, para seguir avanzando, y luego están las personas que no, que no buscan motivos, que buscan excusas, que no quieren avanzar, ni ver sus sueños hechos realidad.

Están las personas alegres, positivas, trabajadoras y con luz propia. Después están las personas negativas, tristes y apagadas.

Están las personas que se alegran por los demás y las que critican e invadían a los demás.

Están las personas que nunca se rinden y las que se rinden a las personas.

Están las personas que aman la vida, la valoran y las que se quejan de ella.

Están las personas que son feliz con muy poco y las que siempre les faltara algo para ser felices.

Están las personas que ayudan a los demás y las que no.

Están las personas que se caen y se levantan y las que no se quieren levantar.

Están las que cada día tratan de sacar su mejor versión y las que no.

Están las que aman y las que no.

Uno no nace siendo una persona u otra. Uno con el tiempo es una persona u otra. Podemos ser una persona que aporte, a la vida, a los nuestros y a nosotros mismos, o todo lo contrario.

Es verdad

Y que suena muy bonito que te digan que los sueños se cumplen, pero es que es verdad. Y no es por que te lo diga yo, es porque está comprobado, porque de verdad pasa y seguirá pasando.

Sólo hace falta explorar, buscar un poco y te darás cuenta que hay más personas que han cumplido sus sueños de las que crees.

Bethany Hamilton, Steve Jobs, Louis Braillen, etc. Estos son sólo unos cuantos ejemplos de millones.

Muchos dirán que es suerte, que lo han tenido fácil o que no lo han pasado mal.

Pero ni es suerte, ni lo han tenido fácil y cómo todos también lo habrán pasado mal y habrán tenido sus momentos difíciles .

Que Bethany Hamilton consiguió ser una surfista profesional con un sólo un brazo, que Louis Braille diseño un sistema de lectura y escritura para personas con discapacidad visual siendo ciego y que Steve Jobs estaba muy lejos de ser rico.

Así que no es suerte, ni tenerlo fácil.

Es constancia, superación y levantarse cada vez que uno se cae hasta conseguirlo. Es luchar por los sueños hasta hacerlos realidad y nunca perder la Fe.

Detrás de un sueño hecho realidad, hay alguien que jamás se ha rendido aún teniendo todas las de perder.

Ellos lo hicieron e hicieron realidad su sueño.

Hace tiempo se hizo realidad el sueño de Bethany, Steve y Louis.

Hoy se hará realidad el sueño de alguien. Y mañana, mañana puede ser el tuyo.

De ti depende.

Frases para escucharlas y decirlas, cuanto mas, mejor.

Hay veces que necesitamos escuchar o que nos trasmitan cosas buenas. Es increíble el valor que tiene que te digan algo bueno o mejor aún que lo sientan y te lo trasmitan. Por ello yo te voy a decir un par de cosas buenas:

1. Tú puedes con todo, puedes conseguir lo que te propongas.
2. No te rindas, rendirse no es de valientes y tú eres un VALIENTE.
3. Sigue luchando por tus sueños y llegarás muy muy lejos.
4. Tu sueño no es ninguna tontería, es tu sueño y eso lo hace único e incalculable.
5. Lo estás haciendo genial, sigue así.
6. Te esfuerzas, te superas y lo intentas y eso es algo de lo que estar orgulloso.

7. No te compares con los demás, por qué tal y como eres, eres increíble.
8. No sé cómo lo haces, pero me encanta cómo lo haces. Las ganas, amor e ilusión que pones en ello dice mucho de ti.
9. Te admiro. Tienes el corazón muy grande. Vales oro.

*Si no te das una oportunidad,
no podrás ver las oportunidades
que te ofrece la vida.*

*Date una oportunidad
y las oportunidades vendrán.*

44137847R00113

Printed in Poland
by Amazon Fulfillment
Poland Sp. z o.o., Wrocław